高校入試

近道問題 23 文法

この本の特色

① **コンパクトな問題集**

入試対策として必要な単元・項目を短期間で学習できるよう，コンパクトにまとめた問題集です。直前対策としてばかりではなく，自分の弱点を見つけ出す診断材料としても活用できるようになっています。

② **豊富なデータ**

英俊社の「高校別入試対策シリーズ」「公立高校入試対策シリーズ」の豊富な入試問題などから問題を厳選してあります。

③ **基本からおさらいできる章立て**

中学一年生で習うことから順に，効率よく復習できます。さらに文法総合問題で力試しをして，各章で学んだことを振り返ってください。

④ **＼CHIKAMICHI／ ちかみち の理解と実践**

文法を理解する「カギ」として，覚えてほしい知識を ちかみち として掲載しています。まずはなんとなくで考えるのではなく，ちかみち と照らし合わせながら一問ずつ，選択肢の一つずつ，文法としての役割をしっかり考えてください。

この本の内容

1 文節・単語の分け方

ちかみち 1 CHIKAMICHI

◎ **文節**は、「ネ」「サ」「ヨ」**などで区切れる**、文の中のまとまり。一文節に自立語一つ(＋付属語)。

◎ **単語**は、文節をさらに**自立語**と**付属語**に分けたもので、意味や働きを持ったことばの最小単位。

※単独で文節になれる→自立語／なれない→付属語

1 次の文の文節数として、最も適当なものを後の語群の中から選びなさい。(大阪夕陽丘学園高)

（　　）

◇ 妹はお気に入りのペンダントを見つけようとおもちゃ箱の中をひっかき回していました。

ア 七　イ 八　ウ 九　エ 十　オ 十一

2 次の各文を文節に分けるといくつになりますか。それぞれ漢数字で答えなさい。(大阪電気通信大高)

(1)（　　）(2)（　　）

(1) 彼はいつ見てもとても楽しそうに笑う人だ。

(2) 勉強や部活動で忙しいのにそれを感じさせない。

3 次の各文を単語に分けたものとして最も適切なものをそれぞれ後から選び、記号で答えなさい。(智辯学園和歌山高)

(1) あそこの公園には大きな木がある。（　　）

ア あそこの／公園／には／大きな／木が／ある。

イ あそこの／公園／には／大きな／木／が／ある。

ウ あそこ／の／公園／に／は／大き／な／木／が／ある。

エ あそこ／の／公園／に／は／大きな／木／が／ある。

(2) 私たちの体には赤い血が流れています。（　　）

ア 私たち／の／体／には／赤い／血／が／流れ／て／い／ます。

イ 私たち／の／体／に／は／赤い／血／が／流れ／て／い／ます。

ウ 私／たち／の／体／に／は／赤い／血／が／流れて／います。

エ 私／たち／の／体／には／赤い／血が／流れて／います。

2 文節と文節の関係

ちかみち 2 ／CHIKAMICHI／

◎ 文節と文節の関係は、上の文節が下の文節にどのようにかかっているかを考える。

○**主語・述語の関係**…「何(だれ)が↓どうする・どんなだ」

○**修飾・被修飾の関係**

連体修飾…「どんな・だれの↓何」

連用修飾…「何を・いつ・どこで↓どうする」

「どんなふうに↓どんなだ」

※**呼応の副詞**は決まった言い方にかかる。

○**並立の関係**…同じ役割で対等に並んでいて、順番を入れかえても文意が通じる。

○**補助の関係**…上の文節(「〜て・で」の形が多い)に、下の文節が補助的な意味を付け加える。

○**接続の関係**…文と文、文節と文節などをつなぐ文節を、下の文節が受ける。

---

1 次の文の――線部の文節の関係を、後より選び、記号で答えなさい。(綾羽高)

(1)(　　) (2)(　　) (3)(　　) (4)(　　)

(1) 今日は　一段と　お腹が　減っているので、パスタも　ステーキも　食べたい。

(2) 風船が　少女の　手から　離れて、ゆっくりと　空に　舞い上がった。

(3) 新鮮な　魚を　手早く　調理する。

(4) 兄ばかりで　なく、幼い　弟まで　私の　誕生日を祝ってくれた。

ア　主語・述語の関係　　イ　修飾・被修飾の関係

ウ　並立の関係

2 次の傍線部の文節相互の関係として正しいものを後のア〜エから選び、それぞれ記号で答えなさい。(大阪高)

(1)(　　) (2)(　　) (3)(　　)

(1) 机の　上に　置いて　ある　本を　取ってください。

(2) 彼は、優しくて　明るい　性格なので、人望がある。

(3) 今年の　夏は　暑い　日が　続いたので、大変だった。

ア　主語・述語の関係

イ　補助の関係
ウ　並立（並列）の関係
エ　修飾・被修飾の関係

3　次の――部の文節の関係として最も適当なものを後から選んで、それぞれ記号で答えなさい。（大阪女学院高）

(1)　彼はちょっと　考えただけで、すぐに仕事に戻っていった。（　　）
(2)　何でも経験だと思って、やって　みる。（　　）
(3)　彼女こそこの舞台の主役に適任だ。（　　）

ア　主語と述語の関係
イ　連用修飾語と被修飾語の関係
ウ　連体修飾語と被修飾語の関係
エ　並立の関係
オ　補助の関係

4　次の(1)～(3)の主語と述語をそれぞれ抜き出しなさい。ただし、省略されているときは「なし」と答えなさい。（大阪高）

(1)　主語（　　）　述語（　　）
(2)　主語（　　）　述語（　　）
(3)　主語（　　）　述語（　　）

（例）犬が　猫に　むかって　ほえる。
↓主語 犬が　述語 ほえる

(1)　寒いですね、この　広すぎる　部屋は。
(2)　兄と　いっしょに　ぼくも　行く。
(3)　今年こそ　一生懸命に　勉強を　する。

5　文の中には、主語・述語の関係が二つ以上含まれているものがあります。①□、②□の主語にあたるものを、後のア～ヌから一つずつ選び、例にならって、それぞれ記号で答えなさい。（香里ヌヴェール学院高）

①の主語（　　）　②の主語（　　）

〈例〉ア ぼくは、イ 野鳥が　ウ 巣箱に　① 入るのを　② 見た。
答え　①の主語（イ）　②の主語（ア）

ア 日本国民は「イ 恒久の　ウ 平和を　エ 念願し」、オ 世界の　カ 人々は　キ ひとしく「ク 平和の　ケ うちに　コ 生存する　サ 権利を　① 有する」と　シ して、ス 戦争の　セ 放棄に　ソ とどまらず、タ 戦力の　チ 保持まで　ツ 放棄した　テ 日本国憲法のような　ト 例は、ナ 主要国に　ニ おいて　ヌ 他に　② 見られない。

6 次の文の――線部はどこに係っているか、その文節を書きなさい。（東筑紫学園高）

私は、しばらく近くの公園で桜の花が散る様子を眺めた後、家路についた。

（　　　　）

7 「今年の二月、大阪に真っ白な雪が降った。」という文の――線部の修飾語が修飾している文節を答えなさい。（東大阪大柏原高）

（　　　　）

8 次の各文の――線部の言葉はどの言葉にかかっているか、文節で答えなさい。（綾羽高）

(1)（　　　）(2)（　　　）(3)（　　　）(4)（　　　）(5)（　　　）

(1) 応接間の壁にかけられたリンゴの絵はとてもうまく描けている。

(2) 決してその話を他の人には言わないでもらいたいと思っています。

(3) 真っ青な空を真っ白な鳥がゆったりとどこまでもどこまでも飛んでいく。

(4) その老人はにっこりとほほえんですっと森の奥深くに消えた。

(5) これから雨が降りそうなので必ずそこのカサを持ってお出かけください。

9 次の(1)～(5)の文から、後の【　】内で指示されている文節をそれぞれ答えなさい。（芦屋学園高）

(1)（　　　）(2)（　　　）(3)（　　　）(4)（　　　）(5)（　　　）

(1) 今学期は私も、親友がやったように学級委員に立候補した。
【「立候補した」の主語】

(2) 講演の日程を彼女が問い合わせたが、結局不明だった。
【「彼女が」の述語】

(3) あなたが探している彼は、さっきまで図書館にいた。
【「さっきまで」の被修飾語】

(4) 冷たい風が大通りを吹き抜けた。
【「吹き抜けた」の修飾語】

(5) 手と足先は特に冷えやすくなっているので注意しましょう。
【「手と」と並立の関係】

3 品詞の見分け方

＼CHIKAMICHI／ ちかみち 3

◎ 品詞は、10種類。**自立語・付属語、活用する・しない、文中での働き**などで見分ける。

◎ 活用する自立語（用言）
　↓**言い切りの形で見分ける**
○**動詞**…言い切りの形が「**ウ段**」の音になる
○**形容詞**…言い切りの形「**～い**」となる
○**形容動詞**…言い切りの形が「**～だ**」となる

◎ 活用しない自立語
○**名詞**（体言）…主語になれる
○**副詞**…主に用言を修飾する
○**連体詞**…体言を修飾する
○**接続詞**…「また」「しかし」などの接続語
○**感動詞**…「わあ」「いいえ」などの独立語

◎ 付属語
○**助動詞**…活用する
○**助詞**…活用しない

---

1 次の(1)から(4)は、ある品詞についての説明である。説明文に合う品詞名をそれぞれ漢字で答えなさい。（綾羽高）

(1) 活用のある自立語で、述語になることができる。言い切りの形が「い」で終わる。
(2) 活用のない自立語で、主語になることができる。
(3) 活用のない付属語である。
(4) 活用のある自立語で、述語になることができる。言い切りの形がウ段の音で終わる。

(1)（　　）(2)（　　）(3)（　　）(4)（　　）

2 次の（ a ）～（ j ）に入る言葉を後の語群から選び、記号で答えなさい。（大商学園高）

a（　　）b（　　）c（　　）d（　　）
e（　　）f（　　）g（　　）h（　　）
i（　　）j（　　）

1 単独で文節になれる単語を（ a ）といい、単独で文節になれない単語を（ b ）という。
2 活用する（ a ）は（ c ）と呼ばれ、（ d ）・形容詞・形容動詞の三つがある。
3 （ e ）になるものは体言と呼ばれ、（ f ）と代名詞の二つがある。

4　活用しない（ａ）のうち、体言を修飾するのが（ｇ）で、主に用言を修飾するのが（ｈ）である。

5　付属語で活用するのが（ｉ）、活用しないのが（ｊ）である。

語群　ア　用言　イ　副詞　ウ　名詞
エ　助動詞　オ　自立語　カ　主語
キ　助詞　ク　動詞　ケ　付属語
コ　連体詞

3　次の⑴～⑷のそれぞれの品詞は何ですか。後から選び、記号を答えなさい。（京都西山高）

(1)　大きい・美しい・暖かい・よい（　　）
(2)　小さな・いろいろな・あらゆる・例の（　　）
(3)　食べる・遊ぶ・歌う・走る（　　）
(4)　のどかだ・きれいだ・元気だ・親切だ（　　）

ア　動詞　イ　形容詞　ウ　形容動詞
エ　名詞　オ　連体詞

4　次の傍線部の単語について、品詞名として最も適当なものを次から選び、それぞれ記号で答えなさい。（智辯学園高）

(1)　彼の言うことはまったく信じられない。（　　）
(2)　よく行っていた書店も、今はもうない。（　　）
(3)　自分の思いを伝える。（　　）
(4)　風がさわやかに感じられるこのごろだ。（　　）
(5)　さようなら、また明日。（　　）

ア　名詞　イ　副詞　ウ　連体詞
エ　接続詞　オ　感動詞　カ　動詞
キ　形容詞　ク　形容動詞　ケ　助詞
コ　助動詞

5　⑴～⑷の――線の言葉の品詞名をア～エから選び、記号で答えなさい。（アナン学園高）

(1)　あの人をにくむ。（　　）
(2)　あの人がにくい。（　　）
(3)　あの人がきらいだ。（　　）
(4)　あの人は考え過ぎるきらいがある。（　　）

ア　名詞　イ　動詞　ウ　形容詞　エ　形容動詞

6　次の――線部の品詞として適当なものを後のア～コから一つ選び、それぞれ記号で答えなさい。（香里ヌヴェール学院高）

(1) この道をまっすぐに行けば、母校に着くだろう。（　　）

(2) 蚊が飛んできて、私の足を刺した。（　　）

(3) 得点が高ければ良かった。（　　）

(4) 秋になったのに、まだ暖かい。（　　）

(5) 彼は大げさに言う癖がある。（　　）

(6) 少しも気に病む様子がない。（　　）

ア　名詞　　イ　動詞　　ウ　形容詞

エ　形容動詞　　オ　副詞　　カ　連体詞

キ　接続詞　　ク　感動詞　　ケ　助詞

コ　助動詞

7 次の文の傍線部の品詞と同じものを後から選び、記号で答えなさい。また、その品詞名を漢字で答えなさい。（大阪産業大附高）

どの方が、あなたのご友人ですか。

記号（　　）　品詞名（　　詞）

ア　彼の意見をどう思いますか。

イ　これから図書館に行きます。

ウ　冬休みのある日の出来事を話す。

エ　そんな無理なことを言わないでください。

8 次の文章の中に連体詞と副詞はそれぞれ何個ずつあるかを、算用数字で答えなさい。（賢明学院高）

連体詞（　　）

副詞（　　）

・あらゆる生き物の美しい命があなたをそっと見つめています。今はあまりわからないと思いますが、そのことを忘れずにいてください。小さな命を大切にしない者は、決して成功することはないのです。

9 次の文中にある付属語の数として、最も適当なものを後の語群の中から選びなさい。（大阪夕陽丘学園高）

◇この人は、そんなことをなさらないと考えます。（　　）

ア　三　　イ　四　　ウ　五　　エ　六　　オ　七

10 次の各文における――部の単語が助動詞ではないものを二つ選び、記号で答えなさい。（智辯学園和歌山高）（　　）（　　）

ア　天気予報を確認したところ、明日の天気は雨らしい。

イ　この本はあまり高くないので、おこづかいで買える。

ウ　テストのときは時間の許す限りしっかり見直ししよう。

エ　この暑さはしばらく続きそうなので気をつけましょう。

オ　気分が沈んでいるときは落ち着いた曲を聴くといいよ。

11 次の⑴～⑸の傍線部の単語と同じ品詞のものを後のア～キから選び、それぞれ記号で答えなさい。（華頂女高）

(1)　単なる見間違いだった。（　　）

(2)　単純に計算間違いをした。（　　）

(3)　これからすぐに始めます。（　　）

(4)　せつない思いがこみあげる。（　　）

(5)　全体的に動きを大きくしよう。（　　）

ア　計画はきっと成功する。

イ　長かった冬も終わった。

ウ　探せばきっと見つかる。

エ　この道で間違いない。

オ　毎朝、十時に開店する。

カ　そんなにいやなら帰りなさい。

キ　明日の集合時間がわからない。

12 次の文章の傍線部**1**～**7**の品詞名を、後の語群から一つずつ選び、記号で答えなさい。（大商学園高）

1（　　）　2（　　）　3（　　）　4（　　）

5（　　）　6（　　）　7（　　）

[1]賢明な老博士が賢明な沈黙を守っているのを見て、若い歴史家は、次のような形に問を変えた。歴史とは、昔、あった事柄をいうのであろう[2]か？　[3]それとも、粘土板の文字をいうのであろうか？

獅子狩と、獅子狩の浮彫とを混同している[4]ような所がこの問の中にある。博士は[5]それを感じたが、[6]はっきり口で言えないので、次のように答えた。歴史とは、昔あった事柄で、かつ粘土板に誌されたものである。[7]この二つは同じことではないか。

（中島　敦「文字禍」より。問題作成のため一部改変した）

語群　ア　名詞　イ　代名詞　ウ　動詞

エ　形容詞　オ　形容動詞　カ　連体詞

キ　副詞　ク　接続詞　ケ　感動詞

コ　助動詞　サ　助詞

4 活用形の見分け方

＼CHIKAMICHI／ ちかみち 4

活用形には、**未然形・連用形・終止形・連体形・仮定形・命令形**の6つがある。

◎ 動詞の活用形は、**後に続く言葉**から考える。

活用形	未然形	連用形	終止形	連体形	仮定形	命令形
後に続く主な言葉	ない う よう	ます た て	—。	とき こと ので	ば	—。

1 次の(1)～(3)の——線部の活用語について、活用形を後のア～カの中から一つ選び、それぞれ記号で答えなさい。（近江兄弟社高）

(1) 食べられなかったものは後で食べればいい。（　　）

(2) 今日のクラブは、来ない人が多かった。（　　）

(3) 人が話している時は静かにしなさい。（　　）

ア 未然形　イ 連用形　ウ 終止形
エ 連体形　オ 仮定形　カ 命令形

2 次の(1)・(2)の——部の活用形として最も適当なものを後から選び、記号で答えなさい。（京都文教高）

(1) 答えを書く時間が、足りない。（　　）

(2) 今日は、めずらしく先生が休まれた。（　　）

ア 未然形　イ 連用形　ウ 終止形
エ 連体形　オ 仮定形

3 (1)～(5)の——部分の動詞の活用形をそれぞれ後から一つ選び、記号で答えなさい。(同じ記号を何回使ってもよい。)（東大阪大敬愛高）

(1) この試合に勝てば決勝戦だ。（　　）

(2) この服を選びます。（　　）

(3) 急がないで安全に。（　　）

(4) もっと早く走れ。（　　）

(5) 漢字を書く。（　　）

ア 未然形　イ 連用形　ウ 終止形
エ 連体形　オ 仮定形　カ 命令形

5 動詞の活用の種類の見分け方

＼CHIKAMICHI／ ちかみち 5

◎ 動詞の活用は、5種類。次のように見分ける。

◎ 主な活用の種類

→**「ない」をつけて、その直前の音で見分ける**

○**五段活用**…「**ア段**」の音

○**上一段活用**…「**イ段**」の音

○**下一段活用**…「**エ段**」の音

◎ 特別な活用

○**カ行変格活用**…「**来る**」のみ

○**サ行変格活用**…「**する**」「**～する**」のみ

1 次の(1)～(5)の動詞の活用の種類をそれぞれ後から選び、記号で答えなさい。 (芦屋学園高)

(1) 起きる（　　） (2) 来る（　　）

(3) 書く（　　） (4) 食べる（　　）

(5) 運動する（　　）

ア 五段活用 イ 上一段活用

ウ 下一段活用 エ カ行変格活用

オ サ行変格活用

2 次の(1)～(5)の動詞の活用の種類として最も適当なものを次から選び、それぞれ記号で答えなさい。 (常翔啓光学園高)

(1) 増やす（　　） (2) 信じる（　　）

(3) 来る（　　） (4) 増える（　　）

(5) 信ずる（　　）

ア カ行変格活用 イ 上一段活用

ウ 下一段活用 エ サ行変格活用

オ 五段活用

3 次の(1)・(2)にはそれぞれ他と活用の種類の異なるものが一つあります。それを選び、記号で答えなさい。 (京都文教高)

(1)（　　） (2)（　　）

(1) ア 減る イ 去る ウ 知る エ 寝る オ 売る

(2) ア 似る イ 着る ウ 来る エ 見る オ 起きる

4 次の――①～③の動詞の活用の種類を後のア～オから選んで、それぞれ記号で答えなさい。（大阪女学院高）

僕は、サッカークラブの入団テストを受けるために、グラウンドへと急いだ。そこには、意外な人物も①来ていた。いつも教室で難しそうな本ばかり②読んでいる鈴木君だ。おとなしそうな彼がサッカーをするなんて思いもしなかった。真新しいスポーツウェアを③着て緊張した顔で立っていた。

ア　五段活用　イ　上一段活用
ウ　下一段活用　エ　カ行変格活用
オ　サ行変格活用

①（　）②（　）③（　）

5 次の(1)～(3)の――線部の動詞について、A活用の種類と、B活用形を、後のア～サの中から一つずつ選び、それぞれ記号で答えなさい。（なお、同じ記号を何度用いてもかまいません。）（近江兄弟社高）

(1) 彼も自分の目で見れば納得するだろう。
(2) 交番に道を尋ねて、やっと到着した。
(3) 会話をする時は相手の表情をしっかり見ましょう。

ア　五段活用　イ　上一段活用
ウ　下一段活用　エ　カ行変格活用
オ　サ行変格活用
カ　未然形　キ　連用形　ク　終止形
ケ　連体形　コ　仮定形　サ　命令形

(1) A（　）B（　）
(2) A（　）B（　）
(3) A（　）B（　）

6 次の各文の～～～線部の動詞の活用の種類をそれぞれ答えなさい。変格活用については、行も答えること。（清明学院高）

(1) 食事前に運動する。（　活用）
(2) 珍しいコインを集める。（　活用）
(3) 今日は寒く感じる。（　活用）
(4) 明日は友人が私の家に来る。（　活用）
(5) 朝には必ず紅茶を飲む。（　活用）

6 「ある」の見分け方

ちかみち 6 CHIKAMICHI

ある は、文での働きや意味によって見分ける。
◎連体詞…「ある～」という形で、名詞を修飾している。活用がない。
◎動詞…「存在する」という、動詞本来の意味を表す。活用がある。
◎補助動詞（形式動詞）…「～である」などの形で、動詞としての本来の意味が薄れて、前の言葉の意味を補っているもの。活用がある。

1 次の傍線部と同じ意味・用法のものを後から一つ選び、記号で答えなさい。（花園高）

これは猫である。（　）

ア 二度あることは三度ある。
イ 彼はスポーツマンでもある。
ウ この件は社長に権限がある。
エ ある人が旅に出た。
オ 責任のある地位につく。

2 次の文の――の「ある」のうち連体詞を一つ選んで、記号で答えなさい。（大阪女学院高）（　）

ア 友達の通っている教会は町外れにある。
イ 私の姉は高校生で、私は中学生である。
ウ ゴミ箱に捨ててあるＤＶＤが処分された。
エ ある日、気がつくと虫歯になっていた。
オ 使ったものは、あるべき所に戻しなさい。

3 次の文を読んで、後の問いに答えなさい。（ノートルダム女学院高）

この世の生き物が、なぜ今あるような状態で生きているのか、ということに、最初に科学的で体系的な答えを与えたのは、チャールズ・ダーウィンでした。

（長谷川眞理子「クジャクの雄はなぜ美しい？」より）

問 傍線「ある」と同じ意味・用法のものとして最も適当なものを一つ選び、記号で答えなさい。（　）

ア この問題集は解説がくわしく書いてある。
イ これはある晴れた日の出来事だった。
ウ 環境問題について議論が必要である。
エ この花は駅にあるフラワーショップで買った。

7 「ない」の見分け方

＼CHIKAMICHI／ ちかみち 7

ないは、言いかえや意味によって見分ける。

◎助動詞…「ぬ」「ず」で言いかえられる。

◎形容詞…「ない」だけで一文節になり、「存在しない」という意味を表す。または、「〜ない」という形容詞の一部。

◎補助形容詞（形式形容詞）…「ない」の直前に「は」「も」などの助詞を入れることができる。形容詞としての本来の意味が薄れて、前の言葉の意味を補っているもの。

1 次の(1)〜(3)の傍線部の品詞の種類を後のア〜ウから選び、符号で答えなさい。（神戸村野工高）

(1) 近ごろは全然寒くない。（　）

(2) 私には理解できない。（　）

(3) 彼は体力がない。（　）

ア 形容詞　イ 助動詞　ウ 補助形容詞

2 次の各文の傍線部「ない」の種類を、それぞれ後のア〜オより選び、記号で答えなさい（同じ答えを選んでもよい）。（京都両洋高）

(1) 欲しい本がない。（　）

(2) 話を聞いていない。（　）

(3) 様子が変わらない。（　）

(4) 必要な情報が少ない。（　）

ア 動詞　イ 形容詞

ウ 形容詞の一部　エ 形容動詞

オ 助動詞

3 次の——線部「ない」と文法的に同じものを、後のア〜エの中から一つ選び、記号で答えなさい。（近江兄弟社高）

時間はそれほどかからないから、丁寧にしましょう。（　）

ア 成功の可能性は大きくない。

イ 服が汚れないように気をつけなさい。

ウ その苦労は並大抵ではない。

エ 行ったことのない所へ行きたい。

4 次の文の――の「ない」のうち助動詞を一つ選んで、記号で答えなさい。（大阪女学院高）
（　　）

ア　友達に「今度食事に行かないか。」と言われた。
イ　さりげないおしゃれは好感が持てる。
ウ　兄と違って、ぼくは歩くのが速くない。
エ　本がないので、とても退屈した。
オ　彼は人に寛容でないので、苦労した。

5 次の傍線部の助動詞と意味用法が同じものをア～エの中から一つ選び、記号で答えなさい。（賢明学院高）

外がうるさくて勉強ができない。（　　）

ア　英単語が覚えられない。
イ　ここに置いたペンがない。
ウ　家の手伝いは容易ではない。
エ　夢のないことを言う。

6 次の傍線部の語句の用法や働きが他と異なるものを一つ選び、記号で答えなさい。（太成学院大高）
（　　）

ア　他の物を買うことは考えられない。
イ　全く雨が降らない。
ウ　このビルは古くない。
エ　私はパーティーに行かない。

7 次の各文中――部の語と意味・用法の同じものを後から選び、記号で答えなさい。（智辯学園和歌山高）

その思いは断ち切れない。（　　）

ア　人生ははかないものだ。
イ　道のりはそれほど遠くない。
ウ　君が知らないのは困る。
エ　雲一つないきれいな青空だ。

8 次の(1)～(5)の――線部「ない」が助動詞ならア、形容詞ならイの記号で答えなさい。（京都廣学館高）

(1)　今日は、宿題がない。（　　）
(2)　雨が降っているのでいかない。（　　）
(3)　暖房をしているので寒くはない。（　　）
(4)　もう疲れて歩けない。（　　）
(5)　この字は難しくて読めない。（　　）

8 「れる」「られる」の用法

＼CHIKAMICHI／
ちかみち 8

助動詞の れる ・ られる の用法は、**言いかえ**によって見分ける。
◎**受身**…「**〜ことをされる**」と言いかえられる。
◎**尊敬**…「**お〜になる**」と言いかえられる。
◎**可能**…「**〜ことができる**」と言いかえられる。
◎**自発**…前に「**自然に**」**を補う**ことができる。

1 次の⑴〜⑸の——線部分はそれぞれどのような意味（働き）か。後から選び、記号で答えなさい。（芦屋学園高）

(1) 遊びを禁じられる。（　　）
(2) 先生が来られる。（　　）
(3) その服はまだ着られる。（　　）
(4) 昔が思い出される。（　　）
(5) その用事は弟に行かせる。（　　）

ア 可能　イ 受け身　ウ 尊敬
エ 自発　オ 使役

2 次のア〜エの傍線部の中で、他とは品詞・意味・用法が異なるものを一つ選び、記号で答えなさい。（京都両洋高）（　　）

ア 観光客に道をたずねられる。
イ 声が裏返って、友人に笑われる。
ウ 先生がこちらに来られる。
エ 虫に食べられた葉っぱ。

3 ——線部の語と同じ意味で使われているものを次のア〜エより選び、記号で答えなさい。（京都廣学館高）

結果だけが信じられる。（　　）

ア ハチ公はずっと待たされる。
イ お客様が来られる。
ウ この味なら食べられる。
エ 越後屋はいやがられる。

4 次の傍線部の語と文法的に異なるものを後から選び、記号で答えなさい。（大阪電気通信大高）

友達に呼び止められる。（　　）

ア ピノキオが大きなくじらに食べられる。

イ　いつのまにか私のマンガが捨てられる。
ウ　その服はまだまだ着られるよ。
エ　先生から優勝クラスが告げられる。

5 次の傍線部と同じ意味・用法のものを後から一つ選び、記号で答えなさい。（花園高）

日本では少子高齢化が急速に進むといわれる。

ア　百メートルを十秒で走れる。
イ　ふるさとが思い出される。
ウ　先生が熱心に話される。
エ　友だちに呼ばれる。
オ　このホテルは安く泊まれる。

（　　）

6 次の――線部「られ」と文法的に同じものを、後のア～エの中から一つ選び、記号で答えなさい。（近江兄弟社高）

楽しい時は、時間がたつのが早く感じられる。

ア　食べられるものを無駄にしてはいけません。
イ　お客様が来られました。

（　　）

ウ　試合に勝って先生にほめられた。
エ　友人の病気が案じられる。

7 次の(1)～(3)の傍線部と助動詞の意味用法が異なるものを、後からそれぞれ一つずつ選び、その記号を書きなさい。（奈良文化高）

(1)　友人とけんかをしたことが悔やまれる。（　　）
ア　今度のテストはいつもより難しいと予想される。
イ　名作は、時代も文化も違う人たちに読みつがれる。
ウ　この曲を聞くと子どものころのことが思い出される。

(2)　今日の夜は自分の好きな番組を見られる。（　　）
ア　どんな困難も乗り越えられる日が来る。
イ　旅行の当日はいつもより早く起きられる。
ウ　大学の先生が私たちの学校に来られる。

(3)　先生が注意事項をくわしく説明される。（　　）
ア　お客様が席に着かれるまでそのまま待つ。
イ　誰よりも練習熱心な先輩が選ばれる。
ウ　全社員に向けて社長が新しい方針を話される。

9 「ようだ」の用法

CHIKAMICHI ちかみち 9

助動詞の「ようだ」の用法は、前に**言葉を補って**見分ける。

◎**推定**…前に「**どうやら**」を補うことができる。

◎**たとえ（比喩《ひゆ》）**…前に「**まるで**」を補うことができる。

◎**例示**…前に「**たとえば**」を補うことができる。

1 次の傍線部と意味・用法が同じものを後のア～エから一つ選び、記号で答えなさい。（京都両洋高）

先生のように英語を話せたらいいのに。（　　）

ア　合格できるように神に祈る。
イ　私の発音と同じように言ってください。
ウ　寝坊しないように努力する。
エ　忘れないようにメモしておこう。

2 次の――線部の助動詞と同じ意味・用法のものを、後から一つ選び記号で答えなさい。（賢明学院高）

外は雨が降っているように思う。（　　）

ア　君のようになりたい。　イ　飛ぶように走る。
ウ　花のように美しい。　エ　知らぬように見える。

3 次の文章を読んで、後の問いに答えなさい。（早稲田摂陵高）

酒にはわりあい強いほうだが、だからといって酒に己を委《ゆだ》ねはしない。その代わり、朝もはよから、あちらこちらの芝居小屋へ足を運び、浴びるように芝居やなにかをみつづけるのが昔からの常だった。それはもう、がぶがぶと大酒を飲むかのように、貪欲にみつづける。こちらは半二にとって、なくてはならぬものなのだった。

（大島真寿美「渦　妹背山婦女庭訓　魂結び」より）

問　傍線部「ように」と同じ意味・用法で使われているものを次のア～エの傍線部中から一つ選び、記号で答えなさい。（　　）

ア　山の向こうは天気がいいように見える。
イ　それは宝石のように美しく輝いている。
ウ　あなたも彼女のように勉強をしなさい。
エ　この書籍は以前にも読んだように思う。

10 「そうだ」の用法

＼CHIKAMICHI／
ちかみち 10

助動詞の[そうだ]の用法は、**接続**で見分ける。
◎**様態…動詞・助動詞の連用形、形容詞・形容動詞の語幹に接続**する。
◎**伝聞…**活用する語の**終止形に接続**する。

1 次の傍線部の語と文法的に異なるものを後から選び、記号で答えなさい。（大阪電気通信大高）

今にも笑い出しそうな様子だ。（　　）

ア　イベント会場は快晴だったそうだ。
イ　その様子はとても暑そうに見えた。
ウ　彼らは笑顔で嬉しそうにしていた。
エ　みんな忙しそうに走りまわっていた。

2 ――線部の語と同じ意味で使われているものを次のア～エより選び、記号で答えなさい。（京都廣学館高）

ここしばらく寒いそうだ。（　　）

ア　手に入れたこのゲームは面白そうだ。
イ　明日もまた、雨が降りそうだ。
ウ　やっと食べられそうだ。
エ　大会は延期になったそうだ。

3 次の傍線部の語と同じ意味・用法のものを後のア～ウから選び、符号で答えなさい。（神戸村野工高）

祖父が家に来るそうだ。（　　）

ア　雨が降るそうだ。
イ　台風が来そうだ。
ウ　彼は、そうだと思っていた。

4 次の〰〰部のうち、用法が異なるものをア～エから一つ選び、符号で答えなさい。（　　）（清明学院高）

ア　彼はいつも元気そうだ。
イ　どうやら大丈夫そうだ。
ウ　明日は雪が降るそうだ。
エ　このケーキはとてもおいしそうだ。

11 「らしい」の見分け方

ちかみち 11 CHIKAMICHI

らしいは、言いかえや言葉を補って見分ける。
◎助動詞（推定）…前に「どうやら」を補うことができる。
◎形容詞の一部…「いかにも」を補ったり、「〜にふさわしい」と言いかえたりすることができる。

1 ——線部の語と同じ意味で使われているものを次のア〜エより選び、記号で答えなさい。 （京都廣学館高）

叔母は去年、大学を卒業したらしい。（　　）

ア　この場所にコンビニができるらしい。
イ　あの子のしぐさは子供らしい。
ウ　パンダの赤ちゃんはかわいらしい。
エ　この季節に桜が咲くのはめずらしい。

2 次の——線部「らしい」について、文法的に同じものを後のア〜エの中から一つ選び、記号で答えなさい。 （近江兄弟社高）

どうもこの人形は彼女のものらしい。（　　）

ア　彼女が飼っている犬はとてもかわいらしい。
イ　電車で座席をゆずるのは、いかにも彼らしい行動だ。
ウ　弟はどうやら走って帰って来るらしい。
エ　あの人はすばらしい考えを持っている。

3 次のア〜エの中から他と異なるものを一つ選び、記号で答えなさい。 （アナン学園高）

（　　）

ア　校長先生はとても優しい人らしい。
イ　あのレストランは有名らしい。
ウ　彼女の服装は高校生らしい。
エ　明日は雪が降るらしい。

4 次の傍線部の助動詞と意味用法が同じものをア〜エの中から一つ選び、記号で答えなさい。 （賢明学院高）

隣の家は留守らしい。（　　）

ア　彼の態度は男らしい。
イ　かわいらしい花が咲く。
ウ　マラソン大会は中止らしい。
エ　紳士らしい態度をとる。

12 「だ」「で」の見分け方

＼CHIKAMICHI／ ちかみち 12

◎ だ・では、次のように見分ける。
◎「〜な」と言いかえられる。
↓**形容動詞・助動詞「ようだ・そうだ」の一部**
◎活用があり、体言・助詞「の」につく。
↓**断定の助動詞**（だは終止形・では連用形）
◎動詞の音便形「〜い」「〜ん」につく。
↓**過去の助動詞**のだ・**接続助詞**ので
◎体言について、場所・手段・原因を表す。
↓**格助詞**ので

1 次の――部の助詞と同じ意味・用法のものを後から選び、記号で答えなさい。（京都文教高）

明日は競技場で大会が行われる。（　　）

ア　北海道まで飛行機で行く。
イ　母は大掃除で忙しい。
ウ　海は静かでおだやかだ。
エ　彼女と駅で待ち合わせる。

2 次の文の傍線部と同じ用法のものを後のア〜エの中から一つ選び、記号で答えなさい。（賢明学院高）

この部屋は、僕だけのものではない。（　　）

ア　腹痛で学校を休むことになった。
イ　祖父は、教員であった。
ウ　大好きな自転車で通学できてうれしい。
エ　大好物があると知り、喜んで家に帰った。

3 次の――の語と意味、用法が同じものを選んで、記号で答えなさい。（大阪女学院高）

桜の花がとてもきれいだ。（　　）

ア　今日はよく晴れた日だ。
イ　明日試合があるそうだ。
ウ　この部屋はひどく静かだ。
エ　大声で彼を呼んだ。

4 次の傍線部のうち、意味の異なるものを一つ選び記号で答えなさい。（アナン学園高）（　　）

ア　今日は仕事である。
イ　明日は試験である。
ウ　雨が降りそうである。
エ　家にいる予定である。

13 「の」の用法

ちかみち 13

◎ **格助詞**の「の」は、その働きによって分けられる。
○**主語**…「**が**」と言いかえられる。
○**連体修飾語**…「**名詞＋の＋名詞**」の形になる。
○**体言の代用**…「**～もの**」「**～こと**」と言いかえられる。
○**並立**…「～とか」と言いかえられる。
◎ **終助詞**の「の」は、文末にあり、断定をやわらげたり、疑問を表したりする。

1 次のア～エの傍線部の中で、他とは品詞・意味・用法が異なるものを一つ選び、記号で答えなさい。（京都両洋高）（　　）

ア　私の趣味はプールで泳ぐことです。
イ　海外の海で釣りを楽しむ。
ウ　救急車の音が遠ざかっていく。
エ　彼の描いた絵はすばらしい。

2 ――線部の語と同じ意味で使われているものを次のア～エより選び、記号で答えなさい。（京都廣学館高）

スマホは使いやすいのがいい。（　　）

ア　それ父のスマホです。
イ　そのスマホ、私のです。
ウ　このスマホ、ちゃんとつながるのかな。
エ　このスマホ、とても使いやすい。

3 次の――線部「の」と文法的に同じものを、後のア～エの中から一つ選び、記号で答えなさい。（近江兄弟社高）

星の輝く夜空を見上げる。（　　）

ア　これは母の生まれた家だ。
イ　昨日はなぜ来なかったの。
ウ　冬のコートを買った。
エ　大きいのを選ぼう。

14 「ばかり」「さえ」の用法

ちかみち 14 CHIKAMICHI

◎ 助詞の[ばかり]の用法は、意味で見分ける。
○**程度**…「**〜ほど**」
○**限定**…「**だけ**」
○**直後**…「**〜した直後**」
○**直前・比喩**…「**今にも〜しそう**」
◎ 助詞の[さえ]の用法は、意味で見分ける。
○**他を類推**…「**〜が…なら、ましてそれ以外は当然だ**」
○**限定**…「**〜さえ…ば**」
○**添加**…「**そのうえ**」

1 次の傍線部と意味・用法が同じものをア〜エより一つ選び、記号で答えなさい。（京都両洋高）

気づけば彼女のことばかり考えている。（　　）

ア　毎日ゲームばかりして全く勉強していない。
イ　家から学校まで歩いて十分ばかりで着く。
ウ　買ったばかりの新品の自転車を盗まれた。
エ　私が悪いと言わんばかりに、皆が私を見た。

2 次の文章を読んで、後の問いに答えなさい。（東海大付福岡高）

生活に必要なすべてのものは、食べるものにしても、着るものにしても、仲間の誰かが作ってくれたものであり、さまざまな人の手を経て自分のところにきたものばかりです。（南野忠晴「正しいパンツのたたみ方」より）

問　波線部「ばかり」と同じ使い方のものを次の中から一つ選び、記号で答えなさい。（　　）

ア　彼は五メートルばかり泳いだ。
イ　犬がちぎれんばかりしっぽをふる。
ウ　ここから見えるのは田んぼばかりだ。
エ　彼女はいま空港に到着したばかり。

3 ——線部の助詞と同じ意味で用いられている助詞を選び、記号で答えなさい。（綾羽高）

父でさえわからない。（　　）

ア　雷のうえにヒョウさえ降る。
イ　雨さえ降れば大丈夫。
ウ　彼さえ電話してこない。

15 「ながら」の見分け方

ちかみち 15 CHIKAMICHI

◎**接続助詞**のながらの用法は、**言いかえ**で見分ける。
○**同時…「〜しつつ」**と言いかえられる。
○**逆接…「〜にもかかわらず」**と言いかえられる。
◎**接尾語**のながらは、体言について、**「〜全部」「〜のまま」**などと言いかえられる。

1 次の傍線部と意味・用法が同じものをア〜エより一つ選び、記号で答えなさい。（京都両洋高）

歩きながらスマートフォンを操作するのは危ない。（　　）

ア 残念ながら大事な試合に負けてしまった。
イ 先生の話を聞きながらメモを取ろう。
ウ 頭では分かっていながら行動に移せない。
エ 近所にある昔ながらの喫茶店が好きだ。

2 次の傍線部の語と同じ意味・用法のものを後から一つ選び、記号で答えなさい。（大阪緑涼高）

若者ながら思慮深い。（　　）

ア 本を読みながら考える。
イ 桜を見ながら散歩する。
ウ 涙ながらに語る。
エ 彼女の成功をよそながら祈る。

3 次の〰〰部のうち、用法が異なるものをア〜エから一つ選び、符号で答えなさい。（清明学院高）（　　）

ア 彼女は小学生ながらスポーツ万能だ。
イ 美しい景色を眺めながら走った。
ウ チャンスがありながらそれを活かせなかった。
エ 妹はおさないながらよく家の手伝いをします。

4 次の傍線部の語句の用法や働きが他と異なるものを一つ選び、記号で答えなさい。（太成学院大高）（　　）

ア コーヒーを飲みながら読書をした。
イ 子どもながらに凄《すご》い技術がある。
ウ 料理しながら子どもの世話をしている。
エ テレビを見ながら電話をした。

16 「な」「に」の見分け方

ちかみち16 CHIKAMICHI

◎ な・にを「**だ**」と言いかえられるものは、**形容動詞・助動詞「ようだ・そうだ」**の一部。

◎ 体言につくなで、活用があるものは**断定の助動詞「だ」**の連用形。

◎ なには、ほかに**連体詞の一部**や**終助詞**（文末にあり、禁止や感動を表す）がある。

◎ にには、ほかに**副詞の一部**や**格助詞**（主に体言について、時間・場所・目的などを表す）がある。

1 次の――と意味・用法が同じものを後から選んで、記号で答えなさい。（大阪女学院高）

友人の兄からおかしな話を聞く。（　　）

ア　静かな海だ。

イ　大きな家に住む。

ウ　道にゴミを捨てるな。

エ　一人暮らしなので気楽だ。

2 次の傍線部の語と同じ意味・用法のものを後から一つ選び、記号で答えなさい。（大阪緑涼高）

自分の正直な告白を小説につづったものを私小説という。（　　）

ア　親に似ぬ息子。

イ　魚釣りに行く。

ウ　山に木を植える。

エ　苦手は数学に理科です。

3 次の――の語と意味、用法が同じものを選んで、記号で答えなさい。（大阪女学院高）

鏡は入り口の近くにあった。（　　）

ア　まさにその通りだ。

イ　暑いのに出かける。

ウ　わずかに残っている。

エ　今日は公園に行こう。

4 次のア〜エの――を引いた部分には、文法的に同じ種類のものが二つある。その二つを選び、記号で答えなさい。（帝塚山学院泉ヶ丘高）

（　　）（　　）

ア　その仕事は私に任せてください。

イ　彼は教室で生じた異変にすぐに気がついた。

ウ　悪天候のため飛行機は夜中に日本に到着した。

エ　雨が降ったのに、試合は中止にならなかった。

17 敬語

／CHIKAMICHI／ ちかみち 17

◎ 敬語 の種類は、**誰の動作に使っているか、誰に対して敬意を表しているか**で見分ける。
○**尊敬語…聞き手や話題にしている人の動作**を高めて、**動作主**に対する敬意を表す。
○**謙譲語…自分や身内の動作**をへりくだって、**動作の受け手**に対する敬意を表す。
○**丁寧語…**丁寧な表現を使って、**聞き手**に対する敬意を表す。
◎ 敬意を表す特別な動詞は覚えておく。

1 次の(1)～(4)の文の傍線部分を（　）内に指定した敬語表現に直しなさい。（華頂女高）
(1)（　　　）(2)（　　　）(3)（　　　）(4)（　　　）

(1) お迎えの車がまもなく来ます。（謙譲表現）
(2) 校長先生が私の作品を見た。（尊敬表現）
(3) 有名な方なのでお名前を聞いたことがあります。（謙譲表現）
(4) あなたに会えて光栄です。（謙譲表現）

2 次の動詞を、一単語の適当な敬語の表現にするとどうなるか。文脈に沿った正しい形に直して答えなさい。（大商学園高）
(1) 行く……そちらには午後三時ごろに（　　　）ます。
(2) 食べる…先生は何を（　　　）ますか。
(3) 見る……昨日、課長の描かれた絵を（　　　）しました。
(4) する……私は先に帰ります。あなたはどう（　　　）ますか。
(5) 言う……あなたの（　　　）ことはよく分かります。

3 次の(1)～(5)の傍線部の敬語の種類として最も適切なものを次から選び、それぞれ記号で答えなさい。なお、同じ記号を何度使ってもよい。（常翔啓光学園高）
(1) 母がよろしくと申していました。（　）
(2) 明日、先生が家にお越しになる。（　）
(3) あの角を曲がると郵便局がございます。（　）
(4) ご遠慮なく召し上がりください。（　）
(5) お客様をお迎えする。（　）

ア 尊敬語　イ 謙譲語　ウ 丁寧語

4 次の各傍線部は、ア尊敬語・イ謙譲語・ウ丁寧語のどれか、それぞれ記号で答えなさい。（橿原学院高）

(1) そのプリントを拝見してもよろしいでしょうか。
(2) 昼食後の休憩時間が終わり、先生が教室に来られた。
(3) この駅で終着となるのでお客様は御乗車になれない。
(4) この件につきましては弊社におまかせください。
(5) 明日は祝日にあたっていますのでお休みです。

(1)（　　）(2)（　　）(3)（　　）(4)（　　）
(5)（　　）

5 次の(1)～(5)の傍線部の敬語の説明として最も適当なものをそれぞれ後から選び、番号で答えなさい。（花園高）

(1) 先生にお世話になったお礼として花を差し上げる予定だ。（　　）
(2) 佐藤さんはいらっしゃいますか。（　　）
(3) 本年もよろしくお願い申し上げます。（　　）
(4) 絵をご覧になる方はこちらにお進みください。（　　）
(5) ここにあるのが私の作品です。（　　）

ア 尊敬語　イ 謙譲語　ウ 丁寧語
エ 尊敬語＋丁寧語　オ 謙譲語＋丁寧語

6 （　）に入れるのに最も適当な敬語表現を後の各群の中から選びなさい。（大阪夕陽丘学園高）

(1) 校長先生が（　　）。
ア 申された　イ 申しました
ウ 申し上げました　エ おっしゃいました

(2) お宅の社長さんはいつ、ここへ（　　）。
ア まいりますか　イ おみえしますか
ウ うかがいますか　エ いらっしゃいますか

(3) 先生、ぜひ私の作品を（　　）。
ア お見になってください　イ 拝見してください
ウ 御覧ください　エ 見申してください

(4) 正しい発音を先生に（　　）。
ア お聞きになる　イ お聞き申し上げる
ウ うかがう　エ おうかがいさせていただく

(5) 先生はいつも（A）前に必ず薬を（B）。
ア A 寝る・B 召し上がります
イ A おやすみになる・B 召し上がります
ウ A 寝られる・B 飲みます
エ A おやすみになる・B 飲みます

(1)（　　）(2)（　　）(3)（　　）(4)（　　）
(5)（　　）

7 次の(1)・(2)の傍線部の「敬語の種類」と「同じ種類の敬語」の組み合わせとして正しいものを、ア～カの中から一つずつ選び、その記号を書きなさい。（奈良文化高）

(1) ぜひお目にかかりたいと考えております。（　）

(2) こちらの部屋は改装中のため、ご利用になれません。（　）

ア 尊敬語・参る　　イ 謙譲語・申し上げる

ウ 丁寧語・ございます　　エ 尊敬語・いらっしゃる

オ 謙譲語・召し上がる　　カ 丁寧語・なさる

8 次のア～エのうち敬語の使い方が正しいものを一つ選び、記号で答えなさい。（京都廣学館高）

（　）

ア あなたの申されることは間違っています。

イ 私の作品を拝見いたします。

ウ 先生にお目にかかるのを楽しみにしています。

エ 私の姉は今、ここにいらっしゃいません。

9 次に挙げる短文のうち敬語として正しいものを三つ選び記号で答えなさい。（アナン学園高）

（　）（　）（　）

ア お客様のおっしゃられる通りです。

イ ご用件があればおっしゃってください。

ウ つまらないものを拝見していただきありがとうございました。

エ つまらないものですがどうぞ召し上がってください。

オ その件、確かに承りました。

カ その件、確かに承らせていただきました。

10 ア～クの――線が敬語として正しいものを三つ選びなさい。（アナン学園高）

（　）（　）（　）

ア 校長先生は何時ごろ戻れますか。

イ 校長先生は何時ごろ戻られますか。

ウ 校長先生は何時ごろお戻りですか。

エ 校長先生は何時ごろお戻りしますか。

オ 校長先生は何時ごろお戻りいたしますか。

カ 校長先生は何時ごろお戻りいたされますか。

キ 校長先生は何時ごろお戻りになりますか。

ク 校長先生は何時ごろお戻りになられますか。

11 次の(1)～(5)に含まれる敬語は間違いとされる使われ方

をしています。それぞれの説明として最も適当なものを後のア〜エの中から一つずつ選んで、記号で答えなさい。(4)、(5)の（　）は、その発言が行われた場面と人物関係について説明しています。なお、同じ記号を何度選んでもかまいません。（光泉カトリック高）

(1)「お客様がお越しになられた。」（　　）

(2)「あなたの会社の社長が申し上げました。」（　　）

(3)「そちらの会社には後ほどお伺いさせていただきます。」（　　）

(4)「本のカバーはお掛けになりますか。」（書店で店員が客に）（　　）

(5)「この荷物はご自身でお持ちしますか。」（ホテルで従業員が客に）（　　）

ア　尊敬語が二重で使われている。

イ　謙譲語が二重で使われている。

ウ　尊敬語を使うべきなのに謙譲語が使われている。

エ　謙譲語を使うべきなのに尊敬語が使われている。

12　次の会話を読み、傍線部の敬語の使い方が正しいものには○、間違っているものには×を書きなさい。（奈良文化高）

①（　　）②（　　）③（　　）④（　　）

Aさん「お土産のキーホルダーです。どうぞ①いただいてください。」

Bさん「ありがとうございます。どちらへ②うかがったのですか。」

Aさん「大阪です。通天閣を③見ました。」

Bさん「素敵ですね。お好み焼きは④召し上がりましたか。」

Aさん「はい。たこ焼き屋にも並びましたよ。」

13　次の文章中の敬語表現で適切でないものを、ア〜クの中から二つ選び、記号で答えなさい。（開智高）

（　　）（　　）

お手紙ア拝見いたしました。このたびは、入学のお祝いをイお送りくださいまして、誠にありがとうございました。ウいただいた辞書で勉学に一層励んでエ参ります。少しばかりですが、庭でとれた果物を送ります。皆さんでオいただいてください。また夏休みに、伯母さんの家にカうかがうことを楽しみにしています。母もお会いできるのが楽しみだとキおっしゃっております。では皆様、お身体大切にクなさってください。

18 文法総合問題①

1 言葉の単位として、大きなものから順に正しく並んでいるものを次の中から選び、記号で答えなさい。（大阪電気通信大高）

（　　）

ア　段落→文章→文→文節→単語
イ　段落→文章→文節→文→単語
ウ　段落→文→文章→単語→文節
エ　文章→文→段落→文節→単語
オ　文章→段落→文→文節→単語
カ　文章→段落→文→単語→文節

2 次の(1)～(5)の各文について、文節の数をそれぞれ解答欄に数字で答えなさい。（清明学院高）

(1) ぼくは元気で旅を続けている。（　　）
(2) そんな人のことは知りません。（　　）
(3) 君の言うことはよくわからない。（　　）
(4) その本は私に新たな感動を与えてくれた。（　　）
(5) 昨日観た映画はとてもおもしろかった。（　　）

3 次の文を単語に区切ったものとして適当なものを後のア～オから一つ選び、記号で答えなさい。（香里ヌヴェール学院高）

校庭から明るくなごやかな声が聞こえる。（　　）

ア　校庭／から／明る／く／なごやか／な／声／が／聞こ／える。
イ　校庭／から／明るく／なごやかな／声／が／聞こ／える。
ウ　校庭／から／明る／く／なごやか／な／声／が／聞こえる。
エ　校庭／から／明るく／なごやか／な／声／が／聞こえる。
オ　校庭／から／明るく／なごやかな／声／が／聞こえる。

4 次の(1)～(4)の文の主部と述部を、それぞれの傍線部から一つずつ選び、その記号を書きなさい。（解答欄には、主部・述部の順に記号を書くこと。）（奈良文化高）

(1)（　　）（　　）　(2)（　　）（　　）
(3)（　　）（　　）　(4)（　　）（　　）

(1) ア祖母の　イ家の　ウ犬は、　エ白くて　オかわいいい。

(2) ア 英語の　イ 先生が　ウ 教科書を　エ 持ってくるように　オ 言った。

(3) ア もしも　イ 明日が　ウ 雨だったら　エ 体育大会は　オ 来週に　カ 延期される。

(4) ア 弟は　イ 将来　ウ 宇宙飛行士に　エ なりたいと　オ 絵日記に　カ 書いた。

5 次の文を読み、以下の各問いに答えなさい。

◇ 大空を泳ぐように飛び回る鳥がチュンチュンとさえずる。　（大阪夕陽丘学園高）

(1) 文中の――部「泳ぐように」が修飾する文節として、最も適当なものを次の中から選びなさい。（　　）

ア 大空を　イ 飛び回る　ウ 鳥が
エ チュンチュンと　オ さえずる

(2) 文中の～～部「チュンチュンと」の品詞名として、最も適当なものを次の中から選びなさい。（　　）

ア 動詞　イ 形容詞　ウ 名詞
エ 副詞　オ 連体詞

(3) 文中の主語・述語として、最も適当なものを次の中からそれぞれ選びなさい。
主語（　　）述語（　　）

ア 大空を　イ 泳ぐように　ウ 飛び回る
エ 鳥が　オ チュンチュンと　カ さえずる

6 (例)にならって、次の文から動詞を三つ、そのままの形で抜き出して答えなさい。　（智辯学園和歌山高）

（　　）（　　）（　　）

(例) 明日は早く起きよう。→(答) 起き

これから眠りに入ろうとする曖昧な意識の中で、私はその声を聞いたのだ。

7 次の文章は、形容詞・形容動詞について説明したものです。空欄に適当な語句を入れなさい。　（綾羽高）

A（　　）　B（　　）　C（　　）　D（　　）
E（　　）　F（　　）

・形容詞・形容動詞は【A】する【B】で、動詞とともに【C】と呼ばれる。
・単独で【D】になることができる。
・形容詞の終止形は「【E】」で終わる。また、形容動詞の終止形は「【F】」で終わる。

・形容詞・形容動詞には命令形はない。
・ともに、様子や状態を表す単語である。

8 次の文の助詞には——線を、助動詞には〰〰線を引きなさい。　（綾羽高）

(1)　私の未来は明るい。
(2)　今日はゆっくり休みます。

9 A・Bの違いについて説明した文の空欄を後の選択肢より選び、記号で答えなさい。　（三田松聖高）

①（　　）②（　　）③（　　）④（　　）
⑤（　　）

A 大きな桜の木の下で、B 元気な子どもたちが遊んでいる。

AもBも「大きな」、「元気な」のように「な」が付いているが、「大きな」の品詞は（①）で、「元気な」の品詞は（②）である。どちらも（③）であるが、Aは活用（④）のに対し、Bは活用（⑤）。

ア　形容詞　　イ　形容動詞　　ウ　連体詞
エ　付属語　　オ　自立語　　カ　する
キ　しない

10 次の傍線部の品詞は何か。後の語群より選び、それぞれ記号で答えなさい。（同じ記号は一回しか選べません）　（大商学園高）

a（　）　b（　）　c（　）　d（　）
e（　）　f（　）　g（　）　h（　）
i（　）　j（　）

1　ドラマの a 続きなんて、b 全然気にならない。
2　あそこの店の料理は、安くて c しかもおいしい d らしい。
3　e 大きな犬が f 元気に g 走っている。
4　h ああ、お財布が見つかっ i て、j よかった。

語群
ア　名詞　　イ　動詞　　ウ　副詞
エ　助詞　　オ　形容詞　　カ　連体詞
キ　接続詞　　ク　感動詞　　ケ　助動詞
コ　形容動詞

11 次のA・Bの文を読んで、後の(1)～(3)の問いに答えなさい。　（華頂女高）

A　彼女の飼い犬は、白くてふわふわの毛のポメラニアンだ。
B　「1 おや、月見草。」そう言って、2 細い指でもって、路傍の3一箇所を指差した。4さっと、バスは過ぎてゆき、私の目には、今、ちらと一目見た黄金色の月見草の花一つ、花弁も5鮮やかに消えず残った。

（太宰　治「富嶽百景」より）

(1)　Aの文を文節に分け、その数を答えなさい。（　　）
(2)　Aの文で並立の関係になっている二つの文節を抜き出して答えなさい。（　　）
(3)　Bの文章の傍線部1〜5の品詞名をそれぞれ次より選び、記号で答えなさい。

1（　　）　2（　　）　3（　　）　4（　　）
5（　　）

ア　名詞　イ　連体詞　ウ　副詞　エ　感動詞
オ　動詞　カ　形容詞　キ　形容動詞

12　次の文章を読んで、後の問いに答えなさい。

（関大第一高）

皮肉なことにこの写真集は、外国語に翻訳《ほんやく》されて人気を呼びました。もう一つ「心配だな」と思ったことがありました。学校の道徳の授業でこの仮説が紹介されたと聞いたからです。

（元村有希子「カガク力を強くする！」より。問題作成のため、本文を一部改めました。）

問　傍線部「皮肉なことにこの写真集は、外国語に翻訳されて人気を呼びました」について、

(1)　文節で分けるといくつですか。算用数字で答えなさい。（　　）
(2)　形容動詞をそのまま抜き出して答えなさい。（　　）
(3)　動詞を二つ抜き出し、活用の種類と活用形を次より選び、それぞれ答えなさい。ただし、解答する順番は問いません。

動詞（　　）　種類（　　）　活用形（　　）
動詞（　　）　種類（　　）　活用形（　　）

ア　五段活用　イ　上一段活用　ウ　下一段活用
エ　カ行変格活用　オ　サ行変格活用
カ　未然形　キ　連用形　ク　終止形
ケ　連体形　コ　仮定形　サ　命令形

19 文法総合問題②

1 次の文章を読んで、後の問いに答えなさい。（追手門学院高）

Aどの曲にするか、ずいぶん長いこと迷っていたっけ。候補を数曲に絞ったあとも、何度も何度も①弾き比べ、プログラム提出ぎりぎりまで悩んでいた。満智子はバッハを聴くと、Bいつも「宗教的な」という言葉を思い浮かべる。詳しいことは分からないけれど、しんと心が静まりかえって、「祈る」と②いうことを理解できるCような気がしてくるのだ。明石のバッハは、ずっと聴いていたいような心地になる。こちらも心が静まってきて、D謙虚な気持ちになってくる。（恩田 陸「蜜蜂と遠雷」より）

(1) 傍線部A～Dの品詞名を次から選び記号で答えなさい。
A（　　）B（　　）C（　　）D（　　）
ア 動詞　イ 形容詞　ウ 形容動詞
エ 名詞　オ 副詞　カ 連体詞
キ 感動詞　ク 接続詞　ケ 助詞
コ 助動詞

(2) 二重傍線部①・②の活用の種類と活用形を次から選び、それぞれ記号と番号で答えなさい。
① a（　　）b（　　）
② a（　　）b（　　）
《a 種類》ア 五段活用　イ 上一段活用
ウ 下一段活用　エ カ行変格活用
オ サ行変格活用
《b 活用形》カ 未然形　キ 連用形
ク 終止形　ケ 連体形
コ 仮定形　サ 命令形

(3) 波線部「ない」と同じ品詞のものを次から選び、記号で答えなさい。（　　）
ア お金も時間もない。
イ どこにも見あたらない。
ウ 勉強ばかりではおもしろくない。
エ そんなことするはずがない。

2 次の文章について、後の問いに答えなさい。（興國高）

昨年は、地震や大雨などの、Aいわゆる自然災害が①多発した一年②であった。以前から指摘さ③れている南海トラフ地震など、いつ何が起こるかは誰にもわからない④ないBといえる。⑤日頃から意識を高めておくことが大事だと言えそうだ。だからこそ、これまでのできごとから、自然災害とC向き合うにあたってのD心構えや避難の在り方など、万が一の事態に備えねばならない。つまり、歴史から学ぶ姿勢がE大切だ。

(1) 二重傍線部A～Eの単語の品詞名を次のうちから選び、解答欄にそのまま記入しなさい。（代名詞は名詞に含むものとする）

A（　　）B（　　）C（　　）D（　　）
E（　　）

名詞　動詞　形容詞　形容動詞　副詞
連体詞　接続詞　感動詞　助詞　助動詞

(2) 傍線部①「多発し」の活用の種類と活用形をそれぞれ次のうちから選び、記号で答えなさい。（完答とする）

活用の種類（　　）活用形（　　）

ア 五段活用　イ 上一段活用　ウ 下一段活用
エ カ行変格活用　オ サ行変格活用　カ 未然形
キ 連用形　ク 終止形　ケ 連体形
コ 仮定形　サ 命令形

(3) 傍線部②「で」と同じ意味・用法の言葉に傍線を引いている例文を次のうちから選び、記号で答えなさい。（　　）

ア 集合場所までバスで移動する。
イ 彼は朝からずっと泳いでいる。
ウ 相手チームが強そうで不安になった。
エ 父の仕事は電車の運転士である。

(4) 傍線部③「れ」と同じ意味・用法の言葉に傍線を引いている例文を次のうちから選び、記号で答えなさい。（　　）

ア 遠くから友達に呼ばれる。
イ 彼はもっと速く走れる。
ウ ふるさとのことが思い出される。
エ 先生が家に来られる。

(5) 傍線部④「ない」と同じ意味・用法の言葉に傍線を引いている例文を次のうちから選び、記号で答えなさい。（　　）

ア 雰囲気がなごやかでない。
イ 寝不足で今日は調子が出ない。
ウ 置いたはずのペンがない。
エ 彼の発想はとてもおさない。

(6) 傍線部⑤「日頃から意識を高めておくことが大事だと言えそうだ」を文節に区切ったものとして正しいものを次のうちから選び、記号で答えなさい。（　　）

ア　日頃から／意識を／高めておく／ことが／大事だと／言えそうだ
イ　日頃から／意識を／高めて／おくことが／大事だと／言え／そうだ
ウ　日頃から／意識を／高めて／おく／ことが／大事だと／言えそうだ
エ　日頃から／意識を／高めて／おく／ことが／大事だと／言え／そうだ

3　次の(1)～(5)の助動詞の意味として適当なものを、後のア～クのうちから一つずつ選びなさい。（神戸第一高）

(1)　海を見ると昔のことが思い出される。（　　）
(2)　彼の弟は入社試験に合格したそうだ。（　　）
(3)　彼女の父はある都市の市議会議員だ。（　　）
(4)　私の姉は今年の秋に結婚する予定です。（　　）
(5)　明日は大事な予定があるので今夜は早く寝よう。（　　）

ア　断定　　イ　受身　　ウ　意志　　エ　自発
オ　推量　　カ　伝聞　　キ　過去　　ク　丁寧

4　次の(1)～(10)の傍線部の助動詞の意味として最も適切なものを次から選び、それぞれ記号で答えなさい。（常翔啓光学園高）

(1)　これはクワガタムシの幼虫だ。（　　）
(2)　明日こそ勉強しよう。（　　）
(3)　明日晴れたらピクニックに行きたい。（　　）
(4)　誕生日プレゼントで友達を驚かせた。（　　）
(5)　昨日友達と公園で遊んだ。（　　）
(6)　宝石のように綺麗な石を拾った。（　　）
(7)　歯に衣着せぬ物言いをする。（　　）
(8)　子どもの頃が思い出される。（　　）
(9)　美しい桜の花が見られる。（　　）
(10)　昨日のことは誰も知るまい。（　　）

ア　比況　　イ　可能　　ウ　自発　　エ　過去
オ　打消推量　　カ　意志　　キ　希望　　ク　断定
ケ　打消　　コ　使役

5　次の傍線部と意味用法が同じものをア～エの中からそれぞれ一つずつ答えなさい。（賢明学院高）

(1)　日本は平和だ。（　　）
ア　目指すのは優勝だ。
イ　あなたは人間だ。

ウ　冬が終われば春だ。
エ　父は六十歳だが健康だ。

(2) 私は悪いことはしない。（　　）
ア　ここにはいない。　イ　模様が美しくない。
ウ　隙が一つもない。　エ　私は食べてない。

6 **傍線部が例と同様の用法のものをア～ウから選び、記号で答えなさい。**（アナン学園高）

(1) 例　いやだと言う。（　　）
ア　どきっとする。　イ　家族と出かける。
ウ　明日は晴れると思う。

(2) 例　雨らしい雨が降らない。（　　）
ア　子供らしい表現だ。　イ　明日は冷えるらしい。
ウ　かわいらしい花が咲く。

(3) 例　日本人より日本文化に詳しい。（　　）
ア　これより講演会を始めます。
イ　レモンよりビタミンCが豊富だ。
ウ　そうするよりしかたがない。

(4) 例　こんなデザインが好きだ。（　　）
ア　何が必要ですか。　イ　挑戦したが失敗した。
ウ　僕が全て悪かった。

(5) 例　母の実家がある沖縄に遊びに行った。（　　）
ア　姉の好きなバンドのコンサートに行きます。
イ　このかばん、兄と同じのが欲しかったんだ。
ウ　朝の空気が気持ちいい。

7 **次の(1)～(5)の――線部の接続詞のはたらきをそれぞれ後から選び、記号で答えなさい。**（芦屋学園高）

(1) この一年間は全力で練習した。しかし、昨日の試合で惜敗してしまった。（　　）

(2) 机の上には、鉛筆、あるいはシャープペンシルが出ていた。（　　）

(3) 彼女は親切かつ実直な人柄と言えるでしょう。（　　）

(4) 明日出発する旅行の用意をした。それから、夕食を食べた。（　　）

(5) これで報告を終わります。それでは、次の議題に移ります。（　　）

ア　順接　イ　対比・選択　ウ　転換
エ　逆接　オ　説明・補足　カ　累加・並列

20 文法総合問題③

1 次の各文のうち、二通りの解釈ができるものにはア、できないものにはイ、と記号で答えなさい。ただし、すべて同じ記号を答えたものは採点の対象としない。

（大阪体育大学浪商高）

(1) 私は太郎と花子を探していた。（　　）
(2) 私は大きな花柄の箱を買った。（　　）
(3) 私は図書館にある本を借りた。（　　）
(4) 私は懸命に逃げるサルを追いかけた。（　　）
(5) 私は兄のように勉強が得意ではない。（　　）

2 次の(1)～(5)の各文の傍線部に用いられている敬語の種類を説明したものとして最も適当なものをそれぞれ後から選び、記号で答えなさい。

（花園高）

(1) これからうかがおうと思っていたところです。（　　）
(2) どうぞ召し上がれ。（　　）
(3) ありがたくいただきます。（　　）
(4) 痛いところはございませんか。（　　）
(5) 中村先生はいらっしゃいますか。（　　）

ア 尊敬語　イ 謙譲語　ウ 丁寧語
エ 尊敬語＋丁寧語　オ 謙譲語＋丁寧語

3 次の各文の［　］に当てはまる敬語として最も適当なものを後からそれぞれ選び、記号で答えなさい。

（智辯学園高）

(1) 今度お会いしたときに、私から山田さんにお礼を［　］つもりです。
ア なさる　イ おっしゃる
ウ 申し上げる　エ お話しになる

(2) お話はのちほどゆっくり［　］ます。
ア 参り　イ いただき
ウ お聞きになり　エ うけたまわり

(3) 上司が私に旅行のお土産を［　］。
ア くださった　イ いただいた
ウ 差し上げた　エ お持ちした

(4) 明日の三時にお宅へ［　］ます。
ア いたし　イ うかがい
ウ いらっしゃい　エ お行きになり

(5) これから店長が参りますので、［　］ください。

ア　お待ちして　　イ　お待ちいたして
ウ　お待ちになって　　エ　お待ち申し上げて

4　次の(1)・(2)の会話文の□に入る敬語表現を、それぞれ後から一つずつ選び、その記号を書きなさい。
（奈良文化高）

(1)　Aさん「あなたのお姉さんもそうおっしゃっているのですか。」
Bさん「はい、私の□。」
ア　姉もそう話されていました
イ　姉もそう申しておりました
ウ　お姉さんもそう申し上げていました

(2)　Cさん「もうあなたの作品は□。」
Dさん「いいえ、まだご覧いただいておりません。」
ア　先生にお見せいただきましたか
イ　先生にご拝見いただきましたか
ウ　先生にお見せしましたか

5　次の敬語の使い方として間違っているものをそれぞれ選び、記号で答えなさい。
（京都西山高）

(1)（　　）(2)（　　）(3)（　　）(4)（　　）(5)（　　）

(1)　ア　この絵はご覧になりましたか。
イ　この絵は拝見しましたか。

(2)　ア　必要な書類はお持ちしていますか。
イ　必要な書類はお持ちですか。

(3)　ア　先生が本を読んでいらっしゃる。
イ　先生が本をお読みになられていらっしゃる。

(4)　ア　これは母にいただいたペンです。
イ　これは母にもらったペンです。

(5)　ア　この機械は壊れているので、ご使用できません。
イ　この機械は壊れているので、ご使用になれません。

6　次の(1)〜(3)の傍線部と敬語の種類が同じものをそれぞれ次から一つずつ選び、その記号を書きなさい。
（奈良文化高）

(1)　先生のお話を伺う。（　　）
ア　お客様がおっしゃる。
イ　お客様がいらっしゃる。
ウ　お客様をお連れする。

(2)　お召しものをお預かりする。（　　）
ア　お菓子をめしあがる。

イ　お菓子をいただく。

ウ　お菓子をお届けする。

(3)　こちらにございます。（　　）

ア　あちらをご覧ください。

イ　ご覧になっているのが彼の絵です。

ウ　粗品ではございますがお納めください。

7　次の例文のうち、敬語表現が適切に使われているものはいくつありますか。算用数字を用いて数字のみ答えなさい。

（須磨学園高）

（　　）

ア　「お好きな料理をお召し上がりください」

イ　「先生は釣りをいたしますか」

ウ　「友達が拝見した絵は、僕の力作だ」

エ　「先生が宿題についてお言いになった」

オ　「（電話にて）ただいま、妹は外出されています」

8　次の(1)～(6)の文は誤った表現を含んでいます。その誤りを説明したものを後からそれぞれ選び記号で答えなさい。

（あべの翔学高）

(1)　最近感じることは、大人も子供も自己中心的な人が増えた。（　　）

(2)　僕にはとうてい達成できそうな記録だ。（　　）

(3)　母が先生によろしくとおっしゃっていました。（　　）

(4)　私は夢中になってからかう友達を追いかけた。（　　）

(5)　彼はコーヒーを飲んだり雑誌を読んで待っていた。（　　）

(6)　彼には不信感を抱いていて気が置けない。（　　）

ア　主語と述語が正しく対応していない。

イ　並立する語句が正しく対応していない。

ウ　副詞の呼応が成立していない。

エ　敬語の用い方に誤りがある。

オ　慣用表現の意味を取り違えている。

カ　修飾被修飾の関係があいまいである。

解答・解説

1 文節・単語の分け方

解答

1 イ　**2** (1)七 (2)五　**3** (1)エ (2)イ

解説

1 「ネ」を入れて、意味が通るところで区切ると、「妹は（ネ）／お気に入りの（ネ）／ペンダントを（ネ）／見つけようと（ネ）／おもちゃ箱の（ネ）／中を（ネ）／ひっかき回して（ネ）／いました。」と分けられる。

2 (1)「彼は／いつ／見ても／とても／楽しそうに／笑う／人だ」と分けられる。(2)「勉強や／部活動で／忙しいのに／それを／感じさせない」と分けられる。

2 文節と文節の関係

解答

1 (1)ウ (2)イ (3)イ (4)ア　**2** (1)イ (2)ウ (3)エ

3 (1)イ (2)オ (3)ア

4 （主語・述語の順に）(1)部屋は・寒いですね (2)ぼくも・行く
(3)なし・する

5 （①の主語）カ （②の主語）ト　**6** 眺めた　**7** 降った

8 (1)うまく (2)言わないで (3)鳥が (4)消えた (5)持って

9 (1)私も (2)問い合わせたが (3)いた (4)大通りを
(5)足先は

3 品詞の見分け方

解答

1 (1)形容詞 (2)名詞 (3)助詞 (4)動詞

2 a、オ b、ケ c、ア d、ク e、カ f、ウ g、コ
h、イ i、エ j、キ

3 (1)イ (2)オ (3)ア (4)ウ

4 (1)イ (2)キ (3)ア (4)ク (5)オ

5 (1)イ (2)ウ (3)エ (4)ア

6 (1)コ (2)イ (3)ウ (4)ケ (5)エ (6)オ

7 （記号）ウ （品詞名）連体（詞）

8 （連体詞）3 （副詞）3　**9** ウ　**10** イ・オ

11 (1)エ (2)カ (3)ア (4)イ (5)オ

12 1、オ 2、サ 3、ク 4、コ 5、イ 6、キ 7、カ

解説

7 活用のない自立語で、体言を修飾する語。アは、活用のない自立語で、用言を修飾する副詞。イは、活用のない自立語で、もののごとを指し示し、主語にすることができる代名詞。エは、活用のある自立語で、言い切りの形が「～だ」となる形容動詞の語幹。

8 （連体詞）活用のない自立語で、体言を修飾する語。「あらゆる」「その」「小さな」が該当する。（副詞）活用のない自立語で、用言を修飾する語。「そっと」「あまり」「決して」が該当する。

9 文中にある単語は「この（連体詞）／人（名詞）／は（助詞）／そんな（連体詞・形容動詞）／こと（名詞）／を（助詞）／なさら（動詞）／ない（助動詞）／と（助詞）／考え（動詞）／ます（助動詞）」で、このうちの助詞と助動詞が付属語。

10 イは形容詞、オは助詞の「て」がにごったもの。

11 (1)活用のない自立語で、体言を修飾する連体詞。(2)活用のある自立語で、言い切りの形が「～だ」となる形容動詞。(3)活用のない自立語で、用言を修飾する副詞。(4)活用のある自立語で、言い切りの形が「～い」となる形容詞。(5)活用のない自立語で、主語にすることができる名詞。「動き」は、動詞「動く」の連用形が名詞化した転成名詞。

4 活用形の見分け方

◎ **解答** ◎

1 (1)オ (2)ア (3)イ　**2** (1)エ (2)イ

3 (1)オ (2)イ (3)ア (4)カ (5)ウ

◇ **解説** ◇

2 (1)「時間」という体言が続いている。(2)この場合は、「休まれた」を修飾している。形容詞は「かろ・かっ・く・い・い・けれ・○」と活用する。

5 動詞の活用の種類の見分け方

◎ **解答** ◎

1 (1)イ (2)エ (3)ア (4)ウ (5)オ

2 (1)オ (2)イ (3)ア (4)ウ (5)エ　**3** (1)エ (2)ウ

4 ①エ ②ア ③イ

5 (1)A、イ　B、コ　(2)A、ウ　B、キ　(3)A、オ　B、ケ

6 (1)サ行変格（活用）(2)下一段（活用）(3)上一段（活用）(4)カ行変格（活用）(5)五段（活用）

◇ **解説** ◇

3 (1)エは下一段活用の動詞で、他は五段活用。(2)ウはカ行変格活用の動詞で、他は上一段活用。

6 「ある」の見分け方

◎ **解答** ◎

1 イ　**2** エ　**3** エ

◇ **解説** ◇

1 補助動詞で、「AはBである」という形で「A＝B」を表す。ア・ウ・オは、「存在する」という動詞本来の意味。エは連体詞で、「人」を修飾している。

2 連体詞で、「日」を修飾している。ア・オは存在を表す動詞。イ・ウは補助動詞。

3 存在を表す動詞「ある」。ア・ウは補助動詞。イは連体詞。

7「ない」の見分け方

解答

1 (1)ウ (2)イ (3)ア　2 (1)イ (2)オ (3)オ (4)ウ
3 イ　4 ア　5 ア　6 ウ　7 ウ
8 (1)イ (2)ア (3)イ (4)ア (5)ア

8「れる」「られる」の用法

解答

1 (1)イ (2)ウ (3)ア (4)エ (5)オ　2 ウ　3 ウ
4 ウ　5 エ　6 エ　7 (1)イ (2)ウ (3)イ

解説

2 ウは尊敬、他は受身を表す。
3 可能を表す。ア・エは受身、イは尊敬。
4 受身を表す。ウは、可能。
5 受身を表す。アは可能、イは自発、ウは尊敬、オは可能を表す。
6 例文とエの「られ」は自発。アは可能、イは尊敬、ウは受身を表す。
7 (1) 自発を表す。イは受身。(2) 可能を表す。ウは、先生に対する尊敬。(3) 尊敬を表す。イは受身。

9「ようだ」の用法

解答

1 イ　2 エ　3 イ

解説

1 例示を表す。他は目的や目標を表す。
2 推定を表す。アは例示、イ・ウはたとえ。
3 たとえを表す。ア・エは推定、ウは例示。

10「そうだ」の用法

解答

1 ア　2 エ　3 ア　4 ウ

解説

1 そのような様子が見られることを表す、様態。アは伝聞。
2 ア～ウはそのような状態に見えることを表す。エは伝聞。
3 イは様態。ウは、副詞「そう」と助動詞「だ」から成る。
4 ウは伝聞、他は「～という様子だ」という様態。

11「らしい」の見分け方

解答

1 ア　2 ウ　3 ウ　4 ウ

解説

1 「どうやら」を補えるので推定の助動詞。他は形容詞の一部。

❷推定の助動詞。他は形容詞の一部。

❸「〜にふさわしい」という意味。他は推定。

❹推定の助動詞。他は形容詞の一部。

12 「だ」「で」の見分け方

回 解答 回

❶エ　❷イ　❸ウ　❹ウ

◇ 解説 ◇

❶動作作用が行われる場所を表す格助詞。アは手段を表す。イは原因を表す。ウは形容動詞「静かだ」の連用形の一部。

❷断定の助動詞「だ」の連用形。アは原因を表す格助詞、ウは手段を表す格助詞、エは接続助詞「て」が撥《はつ》音便に続いた形。

❸形容動詞の一部。アは、断定を示す助動詞「だ」。イは、伝聞を示す助動詞「そうだ」の一部。エは、過去の助動詞「た」が濁音化したもの。

❹助動詞「そうだ」の活用形の一部。他は、断定の助動詞「だ」の連用形。

13 「の」の用法

回 解答 回

❶エ　❷イ　❸ア

◇ 解説 ◇

❶エは主語、他は連体修飾を表す。

❷「〜もの」と言いかえられる、体言の代用。アは名詞に付いて連体修飾を表す。ウは終助詞。エは連体詞「この」の一部。

❸「が」と言いかえられるので、主格を表す格助詞。イは終助詞。ウは連体修飾を表す。エは体言の代用。

14 「ばかり」「さえ」の用法

回 解答 回

❶ア　❷ウ　❸ウ

◇ 解説 ◇

❶限定を表す副助詞。イは程度を表す副助詞。ウは動詞の完了直後を表す副助詞。エは「〜んばかり」の形で使われて、動作が実行される直前、またはそうした状況の比喩を表す副助詞。

❷限定の意味で、「だけ」に置き換えられる。アは数量の程度を表し、「ほど」に置き換えられる。イは「今にも〜しそうである」と、比喩を表している。エは動作が完了直後であることを表している。

❸「父」がわからないのなら、他の人にはもっとわからないだろうと類推している。アは、雷にヒョウが加わったことを表している。イは、必要なのは雨が降ることだけだと限定している。ウは、「彼」が電話してこないのなら、他の人はなおさら電話してこないだろうと類推している。

15「ながら」の見分け方

回 解答 回

1 イ　2 エ　3 イ　4 イ

◇ 解説 ◇

1 動作の同時進行を表す接続助詞。ア・ウは、確定の逆接を表す接続助詞。エは、「昔ながら」で、昔のままという意味の副詞。

2 確定の逆接の接続助詞で、「〜にもかかわらず」という意味。ア・イ・ウは、動作が同時に行われていることを表す。

3 イは動作の同時進行を表す助詞。他は「〜にもかかわらず」という意味の助詞。

4 イは「〜にもかかわらず」という意味。他は、同時進行を表す。

16「な」「に」の見分け方

回 解答 回

1 イ　2 ウ　3 エ　4 ア・ウ

◇ 解説 ◇

1 連体詞の一部。アは形容動詞の活用語尾。ウは禁止の終助詞。エは断定の助動詞「だ」の連用形。

2 場所を表す。アは比較基準、イは目的、エは並列の関係を表す。

3 場所を示す格助詞である。アは、副詞「まさに」の一部。イは、接続助詞「のに」の一部。ウは、形容動詞の活用語尾。

4 ア・ウは、格助詞。イは、副詞「すぐに」の一部。エは、接続助詞「のに」の一部。

17 敬語

回 解答 回

1 (1)まいります (2)ご覧になった (3)(例)うかがった (4)(例)お目にかかれ

2 (1)伺い (2)召し上がり (3)拝見 (4)なさい (5)仰る

3 (1)イ (2)ア (3)ウ (4)ア (5)イ

4 (1)イ (2)ア (3)ア (4)イ (5)ウ

5 (1)イ (2)エ (3)オ (4)ア (5)ウ

6 (1)エ (2)エ (3)ウ (4)ウ (5)イ

7 (1)イ (2)エ　8 ウ　9 イ・エ・オ

10 イ・ウ・キ　11 (1)ア (2)ウ (3)イ (4)エ (5)ウ

12 ①× ②× ③○ ④○　13 オ・キ

◇ 解説 ◇

8 アは、「あなた」が「言う」という動作の主体なので尊敬語を用いるべきだが、「申される」は謙譲語なので正しくない。イは、自分の作品を「見る」という動作に、謙譲語を用いているので正しくない。ウは、先生に「会う」という自分の動作なので、謙譲語で正しい。エは、身内である「私の姉」の動作に「いらっしゃる」という尊敬語を用いているので正しくない。

9 アの「おっしゃられる」は二重敬語なので、「おっしゃる」とするのが正しい。ウは、相手の動作に「拝見して」という謙譲語を用いているのが誤り。カは二重敬語なので、「承りました」とするのが正しい。

10 「戻られますか」の「られ」は、尊敬の助動詞「られる」が活用したもの。「お戻りですか」「お戻りになりますか」も正しい尊敬表現。「お～する」「～いたす」などは謙譲表現。なお、「お～なられる」は二重敬語となり不適切。

11 (1)「お越しになる」という尊敬語と、尊敬の助動詞「られ」が使われ、二重敬語になっている。(2)「あなたの会社の社長」に対して、謙譲語の「申し上げ」を使っている。(3)「お伺いする」は、本来は「伺います」で謙譲語。「させていただく」は「させてもらう」の謙譲語で二重敬語になる。(4)カバーを掛けるのは店員なので、正しくは「お掛けしますか」と謙譲語にする。(5)「お持ちします」は謙譲語。客の動作なので正しくは尊敬語の「お持ちになりますか」。

12 ①「いただく」は自分の動作に使う。相手に受け取ってほしいので、「受け取ってください」「もらってください」などの表現になる。②「うかがう」は自分の動作に使う。相手が行った先をたずねているので、「行かれたのですか」などの表現になる。

13 自分の行動には謙譲語を、相手の行動には尊敬語を使う。オの場合、食べるのは相手なので、「いただいて」という謙譲語ではなく、尊敬語の「めしあがって」を使う。また、キの場合、言ったのは自分側に属する母なので、「おっしゃって」という尊敬語ではなく、謙譲語の「申して」を使う。

18 文法総合問題①

解答

1 オ　**2** (1) 5　(2) 4　(3) 5　(4) 7　(5) 5　**3** オ

4 (1) ウ、オ　(2) イ、オ　(3) エ、カ　(4) ア、カ

5 (1) イ　(2) エ　(3) (主語) エ　(述語) カ

6 入ろ・する・聞い

7 A、活用　B、自立語　C、用言　D、述語　E、い　F、だ

8
① 私の｜未来は｜明るい。
② 今日は｜ゆっくり｜休みます。

9 ① ウ　② イ　③ オ　④ キ　⑤ カ

10 a、ア　b、ウ　c、キ　d、ケ　e、カ　f、コ　g、イ　h、ク　i、エ　j、オ

11 (1) 6　(2) 白くて・ふわふわの　(3) 1、エ　2、カ　3、ア　4、ウ　5、キ

12 (1) 8　(2) 皮肉な　(3) (動詞・種類・活用形の順に) 翻訳さ・オ・カ、呼び・ア・キ

解説

2 (1)「続けて」と補助動詞「いる」とで二文節になる。(2)「知りません」は一文節。「ませ」と「ん」は助動詞。(3)「わからない」は一文節。この「ない」は助動詞。(4)「与えて」と補助動詞「くれた」で二文節。(5)「おもしろかった」で一文節。形容詞「お

もしろい」と助動詞。

8 (1)「の」と「は」は活用のない付属語。(2)「は」は活用のない付属語。「ます」は活用のある付属語。

11 (1)「彼女の／飼い犬は／白くて／ふわふわの／毛の／ポメラニアンだ」と分けられる。

12 (1)「皮肉な／ことに／この／写真集は、／外国語に／翻訳されて／人気を／呼びました」と分けられる。

19 文法総合問題 ②

解答

1 (1) A、カ　B、オ　C、コ　D、ウ　(2)（a・bの順に）①ウ・キ　②ア・ケ　(3) イ

2 (1) A、連体詞　B、助詞　C、動詞　D、名詞　E、形容動詞　(2)（活用の種類）オ　（活用形）キ　(3) エ　(4) ア　(5) イ　(6) ウ

3 (1) エ　(2) カ　(3) ア　(4) ク　(5) ウ

4 (1) ク　(2) カ　(3) キ　(4) コ　(5) エ　(6) ア　(7) ケ　(8) ウ　(9) イ　(10) オ

5 (1) エ　(2) ア　**6** (1) ウ　(2) ア　(3) イ　(4) ア　(5) ウ

7 (1) エ　(2) イ　(3) カ　(4) ア　(5) ウ

解説

1 (3)「ず」「ぬ」に置き換えられるので、助動詞。他は、「ず」「ぬ」に置き換えられない形容詞。

2 (3) 断定を表す助動詞「だ」。アは手段を表す助詞、イは接続助詞、ウは助動詞「そうだ」の一部が活用したもの。(4) 受身を表す。イは可能、ウは自発、エは尊敬の意。(5)「ぬ」と置き換えられるので助動詞の「ない」。アは補助形容詞、ウは形容詞、エは形容詞「おさない」の一部。

5 (1) 形容動詞の一部。他は、断定の助動詞「だ」。(2)「ず」「ぬ」に置き換えられるので、打消の助動詞「ない」。他は、形容詞。

6 (1) 引用を示す格助詞。アは「どきっと」という副詞の一部。イは共同する相手を示す格助詞。(2)「いかにもふさわしい」という意味。イは推量の助動詞。ウは「かわいらしい」という形容詞の一部。(3) 比較の基準を示す格助詞。アは時間的な起点を示す格助詞。ウは、ほかのものを否定してあることに限定する意を表す格助詞。(4) 対象を示す格助詞。イは接続助詞。ウは主語を示す格助詞。(5) 修飾語をつくる格助詞。アは主語を示す格助詞。イは体言の代用になる格助詞。

7 (1) 前文と逆の結果になっている。(2)「鉛筆」か「シャープペンシル」のどちらか、という意味である。(3)「親切」に「実直」をつけ加えている。(4) 前の行動に続いて、「夕食を食べた」ことを述べている。(5)「次の議題」へと話題を変えている。

20 文法総合問題 ③

解答

1 (1) ア　(2) ア　(3) イ　(4) ア　(5) ア

2 (1) イ　(2) ア　(3) オ　(4) ウ　(5) エ

3 (1)ウ (2)エ (3)ア (4)イ (5)ウ **4** (1)イ (2)ウ

5 (1)イ (2)ア (3)イ (4)ア (5)ア

6 (1)ウ (2)ア (3)イ **7** 1

8 (1)ア (2)ウ (3)エ (4)カ (5)イ (6)オ

◇解説◇

1 (1)私は「太郎と花子」を探していた、「私は太郎と」花子を探していた、の二通りの解釈ができる。(2)私は「大きな箱」を買った。私は「大きな花柄」の箱を買った、の二通りの解釈ができる。(4)私は「懸命に逃げる」サルを追いかけた。私は「懸命に」逃げるサルを追いかけた、の二通りの解釈ができる。(5)「兄」が勉強が得意であるか、そうでないかで、二通りの解釈ができる。

4 (1)他人に対して身内のことを話すときは謙譲語を用い、尊敬語は用いない。(2)先生に「見せ」る主体は自分なので、謙譲語を用いる。

5 (1)「拝見する」は謙譲語で、相手の動作には用いない。(2)「お〜する」は謙譲表現。相手の動作には用いない。(3)「なられていらっしゃる」は二重敬語で間違い。(4)「いただいた」は「もらった」の謙譲語。「母」は身内なので用いない。(5)「ご使用できません」は「ご使用する」という謙譲表現に「できません」が合わさったもの。相手の動作には用いない。尊敬語は「ご〜になる」という表現が正しい。

6 (1)先生のお話を聞くのは自分の行動を表しており、謙譲語。**ア**と**イ**は「お客様」の行動を表しており、尊敬語。**ウ**が自分の行動を表しており、謙譲語である。(2)自分以外の人の着物を表しており、尊敬語。**ア**は自分以外の人がお菓子を食べるということを表しており、尊敬語。**イ**と**ウ**は自分の行動を表しており、謙譲語である。(3)ある、ということを丁寧に言ったものであり、丁寧語。**ア**は自分以外の人の行動を表しており、尊敬語。**イ**は「だ」ということを丁寧に言った丁寧語。**ウ**は自分が相手に送る品物をへりくだって言ったものであり、謙譲語である。

7 **イ**の「いたし」は、「する」の謙譲語。「先生」の動作なので、「なさいますか」などの尊敬語にする。**ウ**の「拝見」は「見る」の謙譲語。「友達」が「僕」の作品を見ることや、文末が「だ」で終わっていることから、「見た」などにする。**エ**の「言った」の尊敬語は「おっしゃった」。**オ**の「されて」は尊敬語。「妹」のことなので、「外出しております」という謙譲語にする。

8 (1)主語は「感じることは」なので、述語は「…ことだ」とする。(2)「とうてい」は打ち消しの語と呼応するので、「とうてい達成できそうにない記録だ」が正しい。(3)先生に対する母の動作なので、謙譲語の「申して」を用いる。(4)「夢中になって」いたのが、「私」なのか「友達」なのかはっきりしない。(5)「コーヒーを飲んだり」に並べて「雑誌を読んだりして」とするのが正しい。(6)「気が置けない」は、気を遣ったり、気兼ねしたりする必要がないくらい親密な関係のこと。ここでは、油断できないという意味の「気が抜けない」が正しい。